INTÉRÊTS COMMUNAUX

DE

LA VILLE

DE

LANNEMEZAN

PAR

Ferdinand LAGLEIZE

PROPRIÉTAIRE, HOMME DE LETTRES, PREMIER CONSEILLER MUNICIPAL ÉLU
DE LA VILLE

BAR-SUR-AUBE

Imprimerie de Madame JARDEAUX-RAY

—

1866

INTÉRÊTS COMMUNAUX

DE LA

VILLE DE LANNEMEZAN

I

Depuis quelque temps on parle beaucoup et avec raison, de progrès, d'améliorations, d'embellissements dans toutes les villes de France. Mais il y a là des questions difficiles à résoudre sans porter atteinte ou aux intérêts généraux ou aux intérêts particuliers acquis.

Quand on veut aborder ces questions et les résoudre équitablement, rationnellement, juger, apprécier sainement les intérêts généraux, les intérêts de la commune, les intérêts particuliers, il faut les considérer dans leur ensemble, dans leurs liaisons; il faut leur demander en quoi ils peuvent concourir au progrès, au développement, à l'amélioration du bien-être de la commune et de la majorité des habitants, quel rôle ils peuvent y jouer, quelle influence ils peuvent y exercer conjointement ou séparément.

C'est par là qu'on arrive à une idée claire, nette, du vrai développement, du véritable progrès et d'une amélioration rationnelle dans la distribution du bien-être public dans une ville.

II

Lannemezan est une petite ville moderne, bâtie sur les ruines d'une grande ville pillée, brûlée au moyen-âge.

Par sa position topographique, elle est le centre de l'arrondissement de Bagnères-de-Bigorre.

Par sa position, elle semble naturellement désignée pour être le chef-lieu de l'arrondissement.

Un jour viendra, quelque éloigné qu'il soit, où ce fait se réalisera.

Depuis quelque temps, les habitants de Lannemezan se préoccupent d'intérêts actuels visibles, qui sont de nature à exercer une grande influence sur le développement, sur la destinée de la ville.

Les habitants pressentent avec un tact remarquable, que la destinée de la ville va dépendre de la direction plus ou moins intelligente qui va être donnée aux intérêts qui surgissent de toutes parts en ce moment dans la commune.

Une direction intelligente fera marcher la ville dans les voies du progrès, du véritable développement ; une direction inintelligente peut l'arrêter net dans cette voie.

Dans les petites villes, il y a malheureusement des hommes qui ne pouvant rien être par eux-mêmes, par leur intelligence, sont à la recherche d'une situation sociale dans leur commune, qui à leur point de vue leur permettra de se poser comme des personnages ; ils ne parviennent à être que des personnalités ridicules, mais quelquefois dangereuses.

Pour atteindre cette situation, il n'est pas de bassesses qu'ils ne fassent ; il n'est pas d'intérêts communaux qu'ils ne soient prêts à sacrifier.

Pour qu'une ville puisse se développer librement, il faut qu'elle ne soit pas entravée dans son développement par de tels hommes.

Il faut que l'influence pernicieuse de tels hommes soit réduite par l'opinion publique, par le suffrage à néant.

Si l'opinion publique, si le suffrage commettent la faute de laisser de tels hommes s'immicer dans la direction des intérêts de la commune, ces intérêts en sont compromis, et les habitants peuvent dire leur *mea culpa*.

III

La ville de Lannemezan est située sur l'unique point topographique du département des Hautes-Pyrénées, où les transactions commerciales, le transit commercial entre Marseille, Cette, Toulouse, Tarbes et Bayonne, entre Paris, le centre de la France, et l'Espagne, puissent se centraliser.

D'une part, le chemin de fer de Toulouse à Bayonne, relié au chemin de fer du Midi et du grand central, passe sur le territoire de Lannemezan à 400 mètres de la ville, d'autre part la route d'Auch en Espagne.

Si on regarde profondément dans la pensée des hommes qui ont conçu les projets d'exécution de la voie ferrée de Toulouse à Bayonne et de la route d'Auch en Espagne, on y verra d'une part que la voie ferrée n'est autre chose que l'exécution du fameux projet de Galabert de relier les ports de la Méditerrannée au port de Bayonne par un canal, de mettre tout le Languedoc et les pays sous-pyrénéens en communication de relations commerciales avec ces divers ports ; d'autre part, on y verra indéniablement que les hommes distingués qui avaient conçu le projet d'exécution de la route d'Espagne, tel que M. d'Étigny a qui la Gascogne a érigé une statue, avaient compris que la véritable voie directe de Paris en Espagne était celle qu'ouvrait cette route.

L'État cependant a concédé à la compagnie du Midi le chemin de fer d'Agen à Tarbes en passant par Auch. Cette voie ferrée ne peut être considérée que comme la continuation du grand central.

La création du grand central a eu pour cause un but.

Le but de la création du grand central a été indubitablement de relier le centre de la France aux frontières et par voie de suite aux états limitrophes.

Pour quiconque raisonne et appuie son raisonnement sur des arguments propres à satisfaire le bon sens humain, la pensée qui a décidé la création de la voie ferrée d'Agen à Tarbes n'a pu avoir pour but que de relier le grand central aux frontières d'Espagne et à l'Espagne même.

Ce but peut-il être atteint au moyen de cette création ? Non.

Ce but ne peut être atteint qu'en reliant le grand central à l'Espagne par une continuation de voie ferrée par Auch, Castelnau. Magnoac, Lannemezan et la vallée d'Aure.

Notre assertion est tellement positive que l'homme consciencieux qui voudra se livrer à l'étude de cette question n'éprouvera pas même l'ombre d'une hésitation à cet égard, tandis qu'il reconnaitra par un simple coup d'œil jeté sur le projet, que le centre de la France relié à l'Espagne au moyen d'une voie ferrée d'Agen par Auch et Tarbes est une anomalie, que c'est une voie ferrée créée en pure perte.

Le grand central en effet est relié à l'Espagne par Bordeaux et la ligne de Bayonne.

Si cette ligne suffit aux intérêts de la France, il est inutile de créer la ligne d'Agen à Tarbes qui donnerait des résultats inférieurs à la ligne de Bordeaux à Bayonne; en d'autres termes, la ligne d'Auch à Tarbes devient une absurdité.

Cependant au fond la pensée qui a conçu la création de cette continuation du grand central n'est pas une absurdité.

Le but qu'elle s'est proposée d'atteindre est grand et beau. Il y a dans la conception une erreur de géographie et de topographie, voilà tout.

Le but qu'on s'est proposé d'atteindre a été de mettre le centre de la France en communication la plus directe avec l'Espagne. Eh bien, ce but ne peut être atteint que par la création d'une ligne ferrée d'Agen en Espagne, par Auch, Lannemezan et la vallée d'Aure.

Si ce fait que nous indiquons avait été réalisé, la ville de Lannemezan devenait le point central du mouvement commercial, international.

L'autorité administrative possède tous les éléments nécessaires pour convaincre le gouvernement que, dans la réalisation de ce fait, se trouve uniquement le but que la pensée qui a décidé la création de la voie ferrée d'Agen à Tarbes a voulu atteindre.

Dans la solution de la question à savoir, si la voie ferrée, continuation du grand central d'Auch, devait être dirigée sur Tarbes ou vers l'Espagne par la vallée d'Aure, il y avait pour la ville de Lannemezan le problème d'un fait capital qui devait avoir une immense influence sur sa destinée.

Si les intérêts de la ville avaient été représentés par des hommes intelligents, dévoués, capables de démontrer, de prouver la vérité de cette positive appréciation; si les intérêts de Lannemezan avaient été représentés par des hommes n'ayant en vue que l'intérêt de la ville et du canton, auquel se rattache l'intérêt de tout l'arrondissement, si ces hommes avaient été à la hauteur de leur mission, ils auraient convaincu le gouvernement que dans la réalisation d'une voie ferrée par Auch, Lannemezan et la vallée d'Aure jusqu'en Espagne, on pourrait fonder le mouvement commercial, les relations internationales entre le centre de la France et l'Espagne, but qu'on s'est proposé en décidant la création du chemin d'Agen à Tarbes, et qu'on ne peut atteindre par cette dernière création.

Quels étaient, quels sont les représentants des intérêts de la ville de Lannemezan, du canton, de l'arrondissement?

Les conseillers municipaux, les maires, les conseillers d'arrondissement, le sous-préfet, les conseillers généraux de l'arrondissement, le préfet et le député de l'arrondissement.

Pour atteindre ce but, en qui la ville de Lannemezan, le canton et les cantons limitrophes devaient-ils principalement compter pour faire valoir leurs intérêts?

Sur les maires, les conseillers d'arrondissement et généraux.

Un seul de ces hommes qui eut été homme d'initiative, qui eut été dévoué complètement aux intérêts généraux de l'arrondissement, qui n'eut eu en vue que ces intérêts, qui eut eu assez d'intelligence pour faire prévaloir ces intérêts, aurait réussi à obtenir les résultats que nous indiquons ; c'est notre opinion.

Y a-t-il eu un homme qui ait pris cette initiative? Nous l'ignorons. Notre éloignement depuis plusieurs années du pays ne nous permet pas de formuler un jugement à cet égard. C'est aux hommes qui habitent le pays, qui ont été à même d'apprécier leurs représentants, à juger la question.

Cependant, nous formulerons ce jugement : s'il ne s'est pas trouvé un homme parmi ces défenseurs naturels des intérêts des cantons et des villes dont nous venons de parler, qui ait tenté d'obtenir ce résultat, qui ait au moins étudié cette question, c'est parce qu'à coup sûr les villes et cantons de l'arrondissement sont bien piteusement représentés,

Et d'abord en nous réservant de mettre prochainement cette question en lumière, nous signalerons trois faits importants qui portent atteinte aux intérêts dont nons venons de parler et qui s'y rattachent.

Ces faits visibles, palpables, nous mettront sur la voie qui peut nous amener au point d'où nous verrons en perspective la valeur des représentants des communes et des cantons, notamment des représentants du chef-lieu et des communes du canton de Lannemezan.

Ces trois faits sont :

La distance du chemin de fer jusqu'à la ville ;

La construction de la gare à un point déterminé sur le territoire de Lannemezan ;

Le canal d'irrigation.

Ces faits amènent naturellement ces questions :

Pourquoi le chemin de fer, qui pouvait passer près des premières maisons de la ville sans difficulté et sans surcroît de dépenses pour la Compagnie, passe-t-il à 400 mètres de distance?

Pourquoi la gare est-elle construite à 400 mètres du point du chemin de fer qui se rapproche le plus de la ville et qui est indubitablement le plus abordable?

Pourquoi le canal a-t-il été fait? Est-ce uniquement pour donner satisfaction à l'orgueil de ceux qui en ont conçu la réalisation ? Est-ce dans le but restreint de donner de l'eau seulement au canal de Comdon ? Ou bien est-ce dans le but général, plus conforme à la grandeur de la réalisation du fait, de distribuer l'eau de la Neste aux propriétaires riverains des plaines du plateau et aux quatre cours d'eau qu'il traverse, que le canal a été réalisé ?

Il n'est pas un seul homme qui raisonne qui ne se pose ces questions.

IV

Si la voie ferrée passe à cette distance rapprochée de la ville, à qui le doit-on ?

Est-ce à l'initiative des conseillers d'arrondissement et de département ? Non.

Est-ce à l'initiative du maire de Lannemezan ou de qui que ce soit habitant de Lannemezan ? Non.

Est-ce à l'initiative des autorités supérieures du département, des membres du Conseil général ? Pas davantage.

On le doit au brave maréchal Niel.

Mais est-ce dans le but de satisfaire les intérêts de la ville que le maréchal Niel a insisté pour que la voie ferrée fut rapprochée ? Non.

Le maréchal Niel a conçu l'idée d'un camp sur le plateau de Lannemezan ; il était parvenu à y faire établir une école de tir au canon ; si la voie ferrée avait traversé le plateau, son projet de camp et d'école de tir tombait dans le néant; le camp et l'école de tir devenaient impossibles.

Le maréchal a persisté dans son projet et il est parvenu à faire modifier le tracé de la voie ferrée et à faire porter ce tracé juste jusqu'aux limites du terrain nécessaire pour l'établissement du camp.

Telle est l'unique cause de cette modification du tracé de la voie ferrée.

Relativement à la question du canal, il suffit de jeter un coup-d'œil sur les propriétés riveraines pour se convaincre que si elles étaient arrosées par les eaux qui coulent dans le canal, elles produiraient un accroissement de fortune publique dans les deux cantons de La Barthe et de Lannemezan, qu'on peut évaluer sans crainte de se tromper au triple de la valeur des propriétés. Comme pour le rapprochement de la voie ferrée et de la gare, si l'autorité locale, si les défenseurs des intérêts des deux cantons avaient tenté de faire prévaloir les droits des propriétaires à la distribution des eaux du canal, indubitablement ils auraient obtenu satisfaction. Il n'en a rien été.

V

La ville de Lannemezan, envisagée au point de vue de son agrandissement, de son développement du progrès, présente un autre ordre de problèmes à résoudre.

La ville, par le marché qui y a lieu, est un centre important de transactions commerciales, d'année en année le marché prend de l'extension. Les places ne sont pas suffisantes. La ville a donc le plus grand intérêt à favoriser cette extension. Pour atteindre ce but, il faut qu'elle crée des places où le commerce puisse se développer facilement, commodément.

Ceci est un fait indéniable.

Mais pour créer ces places il faut résoudre deux questions graves, et qui touchent à des intérêts divers.

Sur quel point de la ville faut-il créer les places ?

Quelles sont les ressources qu'a la ville pour parer aux frais de création des places ?

Dans la solution de la première question, il faut d'une part donner satisfaction à l'intérêt général, l'intérêt de la commune ; de l'autre, il faut autant que possible ne pas léser les intérêts particuculiers, les droits acquis.

Quand une de ces questions se présente dans une petite ville, les intérêts particuliers s'élèvent, s'insurgent, se heurtent les uns contre les autres et déterminent des partis de quartier.

Il suffit de l'intervention de trois ou quatre braillards qui ont des intérêts particuliers à faire prévaloir, pour amener des dissentions déplorables.

Dans la situation de la ville de Lannemezan, il fallait maintenir le centre du marché au centre de la ville, et rattacher ce centre à la voie ferrée.

Pour maintenir le marché au centre, il fallait rattacher le *foirail* au marché des céréales par une halle où aurait eu lieu le marché des rouenneries et autres objets du même genre, où l'on aurait enfin groupé tous les étalagistes.

Il fallait rattacher le marché des céréales à tous les marchés et à la voie ferrée par une grande artère, un boulevard.

Un tel projet donnait satisfaction à tous les intérêts divers dont nous venons de parler. C'était faire une distribution équitable du bien-être que les améliorations de la ville peuvent produire.

Malheureusement, il est des hommes qui ne tiennent compte que de leur intérêt particulier ; ils sont toujours prêts à sacrifier l'intérêt général à leur intérêt propre ; ils tendent à atteindre leur but par tous les moyens ; ils veulent surtout paraître être des personnages.

La réalisation d'un tel projet devait donc rencontrer des obstacles. Cela est arrivé.

Nous indiquons les moyens de satisfaire les intérêts directs. Notre solution sera-t-elle acceptée, réalisée ? Elle aurait été réalisée si le suffrage de la commune avait été ce qu'il devait être à notre point de vue. S'il n'est point réalisé, il ne restera aux électeurs communaux que la triste résignation de formuler leur *maxima mea culpa*.

VI

Pour réaliser le projet dont nous venons de parler, il fallait trouver dans les ressources de la commune une somme de 300,000 fr.

Les ressources de la commune sont-elles suffisantes ?

La commune possède en landes incultes et forêts des propriétés pour une valeur de près d'un million.

VII

La commune, d'une part, en vue de la réalisation de ce projet, devait demander une coupe extraordinaire, d'autre part, aliéner les landes.

La demande d'une coupe extraordinaire ne présente aucune objection.

Il n'en est pas de même de l'aliénation des landes.

Une première objection se présente qui domine toutes les autres.

La commune proprement dite, c'est-à-dire la ville représentée par le Conseil municipal, a-t-elle le droit d'aliéner les landes?

Si on consulte les titres de propriétés, on y verra que les landes ont été données aux habitants de la commune et non à la commune; on y verra que cette donation a eu pour but de reconstruire la ville détruite en faisant aux nouveaux habitants des concessions qui devaient faciliter le développement de l'agriculture.

Ces concessions étaient la donation des landes où les habitants de la ville devaient trouver pour leurs bestiaux des pâturages et un produit, la bruyère qui peut servir également et de chauffage et de litière.

Porter une atteinte à ce droit des habitants, pour quiconque raisonne et a un atome de conscience, est une question grave qu'on n'aborde pas légèrement. Si l'on y porte atteinte, il faut que les habitants généralement trouvent dans les faits une compensation équivalente.

Il n'y a que des balladins qui braillent dans les estaminets sur les intérêts d'une commune qui ne se préoccupent pas de ces droits, ou des niais qui pour acquérir l'ombre d'une personnalité, vendraient tous les intérêts de la commune.

Une autre question surgit ensuite.

Qu'elle est la valeur des landes de la commune?

Les landes n'ont-elles pas une valeur actuelle, et une valeur bien supérieure en perspective?

Il est indéniable que la valeur des landes sera triple en quelques années si deux faits probables se réalisent.

Le premier fait, c'est la distribution des eaux du canal aux propriétaires riverains.

Le second, c'est la formation d'un camp sur les landes mêmes.

Et il se trouve dans la commune des hommes qui parlent légèrement de l'aliénation des landes, sans tenir compte des droits et de la perspective dont nous venons de parler?

Et il se trouve des hommes qui, contrairement à ces intérêts divers des habitants, en vue d'atteindre un but d'intérêt personnel, ont l'audace de proposer l'aliénation des landes, en admettant aux enchères des étrangers!

Et la honte et l'indignation d'avoir recélé dans la ville de tels pilleurs ne se manifeste pas au front des habitants!

Habitants de Lannemezan, dites trois fois votre *mea culpa* et ne geignez plus sur vos intérêts.

VIII

C'est ne pas connaître les véritables intérêts généraux de la ville ou vouloir lâchement compromettre ces intérêts en vue d'atteindre un but particulier, que d'émettre l'opinion qu'on peut vendre en bloc les landes a un seul acquéreur ou parcellairement aux plus offrants et derniers enchérisseurs habitants de la ville ou étrangers.

Par la vente en bloc, on porte atteinte aux intérêts particuliers de la majeure partie des habitants. C'est un fait connu qui ne souffre pas l'ombre d'une objection et qui n'a pas dès lors besoin d'être commenté.

Quand un fait porte atteinte à la majeure partie de la commune, ce fait ne peut être considéré comme renfermant un intérêt général, un intérêt communal. Un tel fait ne doit donc pas être réalisé.

Par la vente parcellaire, les intérêts particuliers seraient moins compromis puisque les habitants pourraient acheter la partie des biens communaux qui leur sont nécessaires.

Mais il peut arriver aussi que ces biens communaux soient achetés par les habitants des communes limitrophes.

Or les habitants de Lannemezan, la commune de Lannemezan, ont le plus grand intérêt à ce que ce fait n'ait pas lieu.

Et en effet c'est en réalité distraire du territoire de la ville les communaux qui seront vendus aux habitants des communes voisines ; c'est par ce fait restreindre l'importance de la ville, c'est limiter son agrandissement, son importance.

Pour qu'une ville puisse s'agrandir, il faut que les étrangers qui viennent s'y établir y trouvent des moyens d'existence, de bien-être.

La quantité de territoire est une des conditions principales de bien-être ; si l'on diminue la quantité de territoire, on diminue la quantité de bien-être qu'on peut trouver en habitant la ville, conséquemment on restreint le développement, l'agrandissement, que la ville peut avoir en perspective.

Donc cette vente parcellaire, avec admission des étrangers non habitant la commune, ne doit pas être réalisé.

La vente parcellaire, sans admission d'étrangers, présente aussi des difficultés.

Les habitants de la commune ne sont pas riches généralement.

Que pourrait-il arriver alors ?

Il pourrait arriver que la vente eût lieu au bénéfice de la population riche au détriment de la population pauvre, et par suite que les intérêts de la majorité auraient été compromis ; fait qui ne peut avoir lieu équitablement.

Tous ces projets sont donc irréalisables au point de vue des intérêts généraux et de l'équité.

Mais alors il ne nous reste qu'un dernier mode d'aliénation, et celui-là seul donne satisfaction à tous les intérêts divers.

C'est l'aliénation parcellaire et par adjudication au plus offrant, au prix d'une rente dont le capital serait aliéné à perpétuité ou serait payable en tant d'années ; les habitants de la ville seuls étant admis aux enchères, et chacun pour une part seulement.

Si toutes les parts ne trouvaient pas des enchérisseurs sur la mise à prix, les parts qui resteraient à une seconde criée seraient mises en adjudication et vendues au plus offrant des habitants sans distinction et sans restriction.

IX

Les terrains communaux ainsi aliénés constitueraient à la ville un revenu suffisant pour pouvoir faire un emprunt de la somme nécessaire pour réaliser les améliorations dont nous avons parlé, et assurer le remboursement des sommes empruntées en appliquant ce revenu seulement pendant quelques années au payement.

De telle sorte que l'abandon des avantages en perspective tourneraient au profit des habitants de la commune et non au profit des étrangers, au profit du pauvre autant qu'au profit du riche.

De telle sorte enfin que la ville conserverait aux habitants, par ce moyen, tout le territoire ; et, après quelques années, elle aurait encore le revenu de ce territoire à sa disposition.

En somme, la ville n'aliénerait que le revenu des terrains communaux pendant quelques années.

Au moyen de cette aliénation on donnerait satisfaction à tous les intérêts divers, et les pauvres y trouveraient une compensation aux droits dont on les priveraient ; mais cette question se présente naturellement.

Est-on bien sûr même que ces revenus seraient aliénés pendant quelques années ?

Pour notre compte nous sommes convaincus du contraire.

Cette aliénation n'est nécessaire que pour constituer un revenu, afin de pouvoir faire un emprunt en présentant un revenu qui en garantira le remboursement.

En effet, les améliorations qu'on feraient, indubitablement, produiraient une augmentation de revenus pour la ville.

C'est un fait positif indéniable que le commerce est restreint par suite du manque de places.

Or les places faites, indubitablement, il y aurait extention de relations commerciales, et par suite il y aurait production de revenus pour la ville, et nous croyons fermement que cette production élèverait le revenu au chiffre suffisant pour le remboursement de l'emprunt.

Il y a encore d'autres travaux non moins urgents que la ville doit également faire.

Il y en a notamment deux principaux : une église à bâtir, des fontaines et un réservoir en cas d'incendie.

Ces dernières améliorations seront improductives d'un revenu ; conséquemment si la ville jetait ses ressources dans ces travaux d'amélioration, elle se trouverait ensuite dans l'impuissance d'arriver à réaliser les autres améliorations.

Entre des travaux urgents, tous aussi urgents les uns que les autres, si l'on veut même entre des travaux les uns plus urgents que les autres, la ville, qui n'a que des ressources restreintes, insuffisantes, doit rationnellement commencer par les travaux productifs d'un revenu ; ces travaux paraîtraient-ils au premier aspect moins urgents que les autres?

C'est donc par les travaux productifs que la ville doit commencer, et finir par les travaux improductifs.

Mais dans la réalisation de ce progrès, de ces améliorations, on doit procéder, avancer en ménageant les ressources de la ville.

On doit notamment examiner si, par la distribution des eaux du canal, les terrains communaux devant indubitablement acquérir une valeur triple, il n'y a pas lieu à affermer ces terrains pour un laps de vingt ou trente années seulement.

X

Après avoir étudié les faits dans leurs détails, nous les aborderons au point de vue de leur ensemble, de leur liaison ; nous leur demanderons en quoi ces faits sont de nature à concourir au bien-être de la ville, du canton et des cantons limitrophes, quel rôle ils doivent y jouer, quelle influence ils peuvent y exercer.

Nous examinerons enfin toutes ces questions au point de vue du bien-être général de la majeure partie de l'arrondissement.

Que ceux qui ont des yeux voient et des oreilles pour entendre entendent de l'intelligence pour comprendre comprennent ; mais que les sourds, les aveugles et les inintelligents restent muets dans les ténèbres d'où ils ne devraient jamais élever la voix, par la raison que le sourd ne peut être juge de la parole, ni l'aveugle des couleurs, ni l'inintelligent de la pensée.

Les relations commerciales agricoles des trois quarts des cantons de l'arrondissement convergent toutes vers le marché central qui se tient à Lannemezan. C'est là que viennent aboutir et se résumer tous les intérêts agricoles commerciaux de l'arrondissement ; et ce ne sont pas seulement les intérêts des cantons de l'arrondissement, mais les intérêts des cantons de Galan et de Trie de l'arrondissement de Tarbes.

Pourquoi ?

Parce que Bagnères, chef-lieu d'arrondissement, est comme reléguée dans un coin de l'arrondissement, et qu'elle est placée conséquemment en dehors de la voie naturelle directe que les relations commerciales agricoles doivent suivre ;

Parce qu'il n'est pas dans l'arrondissement un autre point où ces relations puissent naturellement se centraliser ;

Parce que Lannemezan aujourd'hui est le seul point de centralisation où puissent se réaliser les relations entre Toulouse, Bayonne, Tarbes et l'arrondissement, surtout depuis que, par la création du chemin de fer, Montrejeau qui seule pouvait être un pareil point central et qui l'a été pendant longtemps en concurrence avec Lannemezan, a perdu indéniablement cet avantage par ce fait que la voie ferrée passe très loin des abords de la ville, et que la ville est à peu près inabordable pour ces divers intérêts.

Les relations de ces cantons avec Bagnères sont uniquement les relations forcées imposées par la sous-préfecture et les tribunaux civils et de commerce.

(Relations forcées qui imposent à la population de ces cantons un surcroit énorme de charges et de dépenses.)

Ainsi il résulte des faits mis en perspective, sainement appréciés, que pour orner Bagnères d'un tribunal, d'un procureur impérial, d'un sous-préfet, on impose un surcroît de charges et de dépenses à la majeure partie de l'arrondissement.

Un fait pareil entre-t-il dans les vues gouvernementales de l'Empereur ? Non.

Qu'on jette un simple regard sur tous les actes, sur tous les écrits de l'Empereur, et on y trouvera que ses idées en matière de gouvernement tendent à l'amélioration de la situation sociale du peuple, à la plus équitable distribution du bien-être social.

Mais pourquoi alors les faits que nous signalons subsistent-ils ! Pourquoi ?

D'une part, parce que Lannemezan point central paraît au premier aspect trop peu important pour être un chef-lieu d'arrondissement, d'autre part, parce qu'il nous paraît douteux qu'il se soit trouvé encore un homme qui ait pris en main les intérêts de Lannemezan, de l'arrondissement dont nous venons de parler, pour les signaler, les faire connaître et prévaloir auprès de l'autorité supérieure, du gouvernement et de l'Empereur.

Pourquoi ? parce qu'entre un aigle et un hibou, il y a la différence qui existe entre la lumière et les ténèbres.

Pourquoi ? parce qu'entre le vasselage et l'indépendance, il y a la différence qui existe entre la valetaille et le maître.

Pourquoi enfin ? parce qu'il y a une influence qui a toujours tenu en échec les intérêts de la ville ;

Parce que tant que cette influence existera, qu'elle s'exercera sur les intérêts de la ville directement ou indirectement, et que Lannemezan n'aura pas un représentant qui ose la combattre et soit assez influent, assez énergique et assez intelligent pour détruire cette influence directe ou indirecte, les intérêts de la ville ne peuvent pas prévaloir.

Le docteur Tailhade l'avait bien compris, lui, lorsqu'il donnait sa démission de maire ; ce fut là de sa part un grand et bel acte de civisme.

Le docteur Tailhade ne se sentant pas, d'une part, la force nécessaire pour lutter, d'autre part, ne voulant pas subir le vasselage, donna sa démission.

Bar-sur-Aube, impr. Mme Jardeoux-Ray.